L'ÉTRURIE ET LES ÉTRUSQUES

—

SOUVENIRS DE VOYAGE

PARIS. — TYPOGRAPHIE ET LITHOGRAPHIE RENOU ET MAULDE, RUE DE RIVOLI, 144.

L'ÉTRURIE ET LES ÉTRUSQUES

SOUVENIRS DE VOYAGE

AREZZO, LE VAL-DE-CHIANA ET LES RUINES DE CHIUSI

PAR

L. SIMONIN

Reverere gloriam veterem, et hanc
ipsam senectutem, quæ in homine
venerabilis, in urbibus sacra est.
(PLINE, *Epist.*, VIII. 24.)

PARIS

LIBRAIRIE INTERNATIONALE

15, BOULEVARD MONTMARTRE, 15

A. LACROIX, VERBOECKHOVEN et Cⁱᵉ, ÉDITEURS

A BRUXELLES, A LEIPZIG ET A LIVOURNE

1866

Parmi les anciennes cités étrusques dont les ruines sont les mieux conservées et sont aujourd'hui les plus facilement accessibles, il faut nommer Chiusi, le Clusium des Latins. C'était l'une des douze lucumonies ou capitales de la confédération tyrrhénienne du centre, et à ce titre, elle fut la résidence du lucumon Porsenna, ce fier ennemi de Rome. Elle avait nom alors Camars. Les vases et les bronzes trouvés à Chiusi ont suffi à former plusieurs musées; les bijoux et les intailles (pierres fines gravées) qu'on y recueille encore tous les jours, font le désespoir de nos orfévres et de nos graveurs, tant ils sont délicatement travaillés; enfin les hypogées de Chiusi, tombes souterraines toujours ouvertes, et dont le nombre augmente sans cesse devant les infatigables recherches des explorateurs, nous donnent de précieux renseignements sur les arts, les coutumes et la langue de l'ancienne Étrurie.

C'est sur cette cité éteinte que je voudrais éveiller un instant l'attention. « Il faut honorer les anciennes gloires, comme le dit si bien Pline-le-Jeune, et cette vieillesse elle-même qui, vénérable dans l'homme, est sacrée dans les villes. » L'Étrurie d'ailleurs est le pays des grands souvenirs, et s'est toujours trouvée mêlée aux plus nobles événements qui ont illustré la péninsule italique. Il est temps que les archéologues, quelques artistes, quelques historiens, ne soient plus les seuls à l'étudier. Il est temps de faire cesser pour elle l'indifférence regrettable du plus grand nombre. Il ne faut pas que les amis des vieilles gloires soient les seuls à interroger les Étrusques. La plupart des voyageurs que chaque année voit accourir en Italie doivent aussi leur accorder quelque attention, et c'est d'ailleurs en comparant le passé à l'état présent d'une nation, que l'on peut augurer son avenir.

Je voudrais être un moment, sans aucune prétention à l'archéologie, le guide familier de tous ceux qui seraient tentés de faire avec les Étrusques une plus intime connaissance. Nous irons visiter les ruines de Chiusi, qui sont d'un si haut intérêt. Sur la route, nous saluerons Arezzo, autre cité étrusque, jadis fameuse par ses bronzes et ses vases, et nous traverserons le Val-de-Chiana, où nous verrons les modernes, aux prises avec un des problèmes les plus difficiles qu'ait jamais présentés l'hydraulique, en sortir à la fin vainqueurs. Il y a là de quoi occuper utilement le voyage, de quoi tirer plus d'un enseignement.

Paris, le 15 octobre 1866.

L. S.

AREZZO

Quand on sort de Florence par le chemin de fer d'Arezzo qui bientôt ira jusqu'à Rome, on jouit au départ d'un magnifique spectacle. La voie ferrée tourne autour des vieilles murailles de l'antique république, celles que Dante vit construire, et tous les grands monuments de la cité se déroulent à la fois, aux yeux du voyageur, dans un splendide panorama. La gigantesque coupole de Brunelleschi, qui n'a d'égale que celle de Saint-Pierre de Rome, la tour élancée du Palais-Vieux, le campanile élégant de Giotto, sans rival au monde, se découvrent tout à coup aux regards. Sur la hauteur qui domine la ville au midi, se profilent les murs crénelés de l'ancienne église de San-Miniato, que Michel-Ange appelait la belle villageoise, *la bella villanella*. Aux flancs du coteau croissent par bouquets touffus les oliviers, les pins et les cyprès. On voudrait contempler longtemps ce paysage unique, mais la vapeur impitoyable vous entraîne, la ville ne tarde pas à disparaître, et la double ligne des rails va remontant le cours de l'Arno. De vertes campagnes, de gracieuses villas, se déroulent sur des terrains en pente, car la vallée se resserre de plus en plus. L'olivier, la vigne mariée à l'ormeau, le chanvre, le maïs et le blé, sont cultivés de préférence. Le fleuve, la voie ferrée et la route de terre marchent de compagnie. Autrefois, c'était par là que passait la voie Cassienne ;

c'est ce chemin que suivit Annibal descendu en Italie et menaçant Rome.

A Pontassieve on jouit d'une belle échappée sur les Apennins qui se dessinent à l'horizon. A Incisa, on voit le cours de l'Arno tailler [1] les bancs calcaires du pays, comme s'ils avaient jadis opposé une infranchissable barrière à la marche du fleuve. Bientôt on arrive à Figline. C'est ici que commence ce terrain du Val-d'Arno, où l'on a trouvé et où l'on trouve encore en si grande abondance les ossements fossiles de gigantesques mammifères : éléphants, rhinocéros, mastodontes, hippopotames, dont quelques naïfs antiquaires ont pris longtemps les os pour ceux des éléphants d'Annibal.

De Figline on passe à San-Giovanni qui a vu naître deux vieux peintres, célèbres surtout comme peintres de fresques, Giovanni-da-San-Giovanni et Masaccio; enfin on arrive à Monte-Varchi.

C'est cette route intéressante que je parcourais moi-même dans les premiers jours du mois d'août 1865.

Le chemin de fer n'étant point encore terminé jusqu'à Arezzo, la diligence nous attendait à Monte-Varchi. L'*impressario* de ce service naguère florissant, aujourd'hui déchu, était venu modestement, au départ de Florence, m'offrir un billet pour sa voiture. Cette précaution prise à l'avance me donnait droit aux premières places; mais quelles places, quel véhicule, et surtout quels pauvres chevaux ! Je m'assis tant bien que mal dans un coin du coupé, tandis qu'un voyageur mon voisin, prudent comme tous les Toscans, refusait de payer sa place avant l'arrivée. Il fallut le contraindre par force à dénouer les cordons de sa bourse; il se vengea de ce qu'il appelait l'arbitraire du conducteur, en appliquant au véhicule le nom original de *casserole*, que justifia bientôt le bruit métallique de la voiture en mouvement. Tous les ressorts étaient défaits, tous les joints béants.

Le pauvre attelage, par le bruit particulier qui s'échappait de ses flancs amaigris, témoignait d'un jeûne continu, et ajoutait à la sonorité du véhicule ; mais tant est grande la force de l'habitude, que nous n'en parcourûmes pas moins assez lestement, j'entends en trois heures et demie, les trente-deux kilomètres qui séparent Monte-Varchi d'Arezzo.

---

1. De là le nom d'*Incisa* donné à la localité.

A gauche court la ligne sévère des Apennins, au pied desquels s'étendent de riantes campagnes. La route traverse des landes semées de taillis. Avant d'arriver à Arezzo, elle recoupe une plaine plantureuse, *il pian d'Arezzo*, à l'extrémité de laquelle, sur une hauteur, se dresse l'ancienne ville, tandis que la ville moderne descend jusque dans la plaine.

Mon premier soin, en arrivant, fut de m'inquiéter d'un guide et d'un hôtel. Comme hôtel on m'indiqua le *Tamburro*, antique auberge qui dut abriter sous son toit Michel-Ange et Vasari ; car elle date de plus de trois siècles. Elle est restée pendant tout ce temps entre les mains de la même famille. Aux murs enfumés de la cuisine sont toujours suspendues de vieilles assiettes émaillées de Faenza, dévoilant le degré de perfection qu'avait atteint l'art céramique au seizième siècle, ce siècle qui vit briller à la fois tous les arts, le *cinquecento*, comme l'appellent les Italiens.

Dans la cage de l'escalier est un vieux tableau de madone, peint à la byzantine, protégé par un verre, et devant lequel, depuis plus de trois cents ans, une lampe n'a cessé de brûler jour et nuit.

Resté fidèle à cette religieuse habitude, le *Tamburro* avait rompu avec la coutume de donner aux étrangers le vivre et le couvert, c'est-à-dire bon souper en même temps que bon gîte, et quand je me présentai pour me mettre à table, on me montra poliment le restaurant du coin. J'essayai, mais en vain, de faire entendre raison au vieil Ilarione, aujourd'hui *padrone* de cette illustre *locanda*, qu'il a reçue en héritage de son oncle, lequel la tenait de ses aïeux. Force fut de me soumettre à cet étrange usage, d'aller dîner dans un hôtel pendant que je coucherais dans un autre, et je priai qu'on fît appeler Filippo Palmi, le cicerone obligé de tous les voyageurs qui viennent visiter Arezzo. Là-dessus Ilarione s'empressa de me donner entière satisfaction. Quant à ma première demande, il m'objecta que sa fortune était faite, que lui et sa femme étaient vieux, sans enfants, et que depuis quelques années ils avaient réfléchi qu'il était parfaitement inutile de servir à manger aux *forestieri*; passe pour le coucher qui ne donne presqu'aucun embarras.

Filippo Palmi fut aussitôt arrivé que mandé. C'est un homme déjà vieux, à la barbe et aux cheveux tout blancs, petit de taille, de bonne tenue, réservé, ne causant que lorsqu'on l'interroge, contrairement à l'habitude de tous les guides italiens.

En compagnie de ce cicerone modèle, qui ne se souvenait pas sans un certain orgueil, d'avoir montré cinq ans auparavant à M. Layard lui-même les curiosités d'Arezzo, je parcourus l'intéressante ville. Ce qui reste de son passé primitif est bien peu de chose, et c'est à près de cinq kilomètres de la position actuelle d'Arezzo qu'il faut aller chercher des ruines de murs cyclopéens et de constructions antiques, où de modernes archéologues ont cru retrouver l'Arretium des Romains et des Étrusques. Cette ville fut une des douze lucumonies ou capitales de l'Étrurie du centre; sous l'époque romaine, elle resta longtemps célèbre par sa fabrique de vases en terre rouge légère, que Pline-le-Naturaliste comparait à ceux si renommés de Samos; elle fournit à Scipion-l'Africain des armes de bronze, des bois de construction, du blé, pour son expédition contre Carthage; et aujourd'hui on discute sur son emplacement, tant il reste peu de traces d'un passé si glorieux ! Il est permis cependant de supposer que la situation actuelle d'Arezzo correspond à l'Arretium des Romains, et que celui-ci occupait la place de la ville étrusque. La position élevée du vieil Arezzo, qui forme aujourd'hui la ville haute, autorise cette supposition, car les Étrusques ont généralement bâti leurs villes sur des éminences, témoins Volterra, Populonia, Fiesole, Chiusi, Cortone, etc. Nous savons en outre que le consul Flaminius, campé dans Arezzo comme dans un poste d'observation, y attendait le passage d'Annibal, et que le rusé Carthaginois l'évita en prenant la vallée de la Chiana. La position moderne d'Arezzo répond bien à ce mouvement stratégique.

Il ne reste plus rien en place de la ville étrusque d'Arretium, et fort peu de chose de la ville romaine. De cette dernière on retrouve à peine les vestiges d'un amphithéâtre dans un jardin près de la ville. En passant sous un vomitoire, j'ai reconnu l'ouvrage réticulé, en losanges, qu'affectionnaient les maçons de Rome. Sur une partie des fondations s'est assis un vieux couvent qui, dans sa façade, a respecté la courbe elliptique du cirque. Quant aux restes étrusques, c'est au musée d'Arezzo qu'il faut aller les étudier. Il y a là une série de bronzes fort remarquables : statuettes, lampes, trépieds, miroirs, ustensiles et appareils de tous genres, déterrés dans les environs de la ville; mais les plus beaux de ces bronzes, *la Chimère*, *l'Orateur* ou *le lucumon Métellus*, *la Minerve*, ont été transportés au musée de Florence. Ce sont peut-être les trois plus remarquables bronzes que nous ait légués l'Étrurie, et la Grèce et Rome n'en ont guère produits qui vaillent mieux.

Après les bronzes du musée d'Arezzo, il faut citer les urnes sépulcrales où l'on enfermait les os incinérés des morts. Elles sont en albâtre ou en terre cuite, de forme rectangulaire, avec bas-reliefs sur le devant. Le couvercle est surmonté du portrait du défunt couché ou appuyé sur des coussins. Souvent les bas-reliefs et le portrait sont rehaussés par des couleurs. Le couronnement de l'urne porte en étrusque le titre et les noms du défunt. Les lettres, gravées à la pointe ou dessinées au pinceau, rappellent celles du grec archaïque ou de l'alphabet pélasge. Comme dans les langues orientales, elles vont de droite à gauche, et généralement les voyelles, surtout les brèves, sont supprimées. Parmi les défunts, on reconnait quelques lars ou lucumons qui, dans cette société théocratique, basée sur une aristocratie toute sacerdotale, remplissaient à la fois les fonctions politiques et religieuses, comme encore aujourd'hui les prêtres et les prélats à Rome.

L'art céramique occupe une large place au musée des antiques d'Arezzo. Il y est représenté soit par ces vases légers en terre rouge, décorés sur leur pourtour d'ornements en relief, et qui rendirent Arezzo si célèbre dans l'antiquité, soit par des objets plus modestes, tels que des lampes funéraires et des tuiles pour toitures, portant les noms du fabricant. La forme de ces tuiles, large, trapézoïdale, s'est conservée en Toscane, et le nom latin est toujours reconnaissable sous la dénomination actuelle d'*embrici*. Chez les paysans on retrouve aussi la forme des lampes étrusques à deux ou trois becs, qui s'est perpétuée jusqu'aujourd'hui sans aucun changement.

Dans l'exposition céramique il faut ranger les urnes sépulcrales en terre cuite, des vases noirs lustrés, que les Toscans nomment *creta nera*, rappelant ceux de couleur rouge, mais moins beaux, et enfin ces vases peints que partout ont laissés les Étrusques, et qui, gracieux de formes, légers de poids, représentent sur leur pourtour, en rouge sur un fond noir, ou *vice versa*, des sujets surtout mythologiques, souvent traités avec le plus grand art. L'un des vases du musée d'Arezzo où est figuré le combat d'Hercule et des Amazones, peut être cité parmi l'un des plus beaux vases étrusques connus.

S'il ne reste plus rien debout des premiers monuments d'Arretium, l'art chrétien y a laissé quelques édifices curieux, entr'autres l'église de la Pieve qu'on appelle aussi la *Concathédrale*, pour marquer qu'elle partage avec la cathédrale l'honneur d'être l'église primatiale du pays.

La façade en est romane, à trois étages de colonnettes et fort originale, car aucune des colonnes, ronde, polygonale, torse, pliée, unie, cannelée, à tambour, ne ressemble à sa voisine. L'église occupe l'emplacement d'un ancien temple de Bacchus ; elle date du neuvième siècle ; elle a été réparée et achevée au treizième siècle par le fameux architecte arétin, Marchione.

La cathédrale est citée pour ses beaux vitraux gothiques, dus à l'un des plus fameux verriers du moyen âge, frère Guillaume de Marseille, qui les peignit en 1350. On y admire aussi le magnifique tombeau en marbre de l'évêque Guido Tarlatti, plus guerrier que prêtre, comme plus tard Jules II, et qui, chef du parti gibelin d'Arezzo, excommunié par le pape, soumit à la république arétine, entre les années 1321 et 1327, époque de sa mort, toutes les cités environnantes. Les bas-reliefs qui ornent son tombeau sont de *maîtres* Agostino et Agnolo de Sienne, frères par le sang et le talent, élèves de Nicolas de Pise. Leur travail, terminé en 1330, se compose de seize sujets tirés de la vie aventureuse du singulier évêque. Entre les bas-reliefs sont des figures d'évêques et de prélats, et le tombeau est surmonté de la statue du défunt couchée. En tout, les artistes ont été dignes de leur maître, et cette œuvre est assurément l'une des plus étonnantes du précoce réveil de l'art en Italie.

Le moyen âge n'a pas seul embelli Arezzo ; la Renaissance y a laissé aussi des traces de son passage. Parmi les édifices de cette époque, on ne peut passer sous silence les *Loges* de Vasari, une série d'arcades supportant l'hôpital, et qu'on regarde comme le chef-d'œuvre en architecture de l'artiste qui a fait les Offices de Florence.

Ce n'est pas seulement pour ses édifices, c'est aussi pour tous les grands hommes qu'elle a vus naître qu'Arezzo mérite d'être mentionnée. « *Parlano in Arezzo anche i sassi*, les pierres même parlent dans Arezzo, » me disait mon guide Filippo Palmi, en m'accompagnant à travers la ville. Çà et là, sur les façades des maisons où naquirent et habitèrent d'illustres Arétins, des plaques de marbre portent gravées d'élogieuses inscriptions. Aucune ville ne s'est mon-

trée plus jalouse de ses glorieux enfants. Depuis Mécène qui fut ci-
toyen d'Arezzo, Mécène issu des lucumons tyrrhéniens, *atavis regibus*,
jusqu'à l'hydraulicien et homme d'État Fossombroni, et au peintre
Benvenuti, tous deux morts à notre époque, Arezzo compte une
longue série de célébrités de tous genres qu'elle se plait à rappeler. Écoutez : C'est le frère Guido, inventeur des notes musicales et
rénovateur du chant sacré ; le poète Guittone, l'auteur du premier
sonnet; Margaritone, le rival de Giotto; Spinello, le fameux peintre
de fresques, émule d'Orcagna ; Pétrarque, dont il suffit de citer le
nom ; Léonardo Bruni, l'historien ; puis l'architecte et peintre Vasari ; Pierre Arétin, le satirique licencieux ; Andrea Cesalpino, mé-
decin et botaniste, qui précéda Harvey dans la découverte de la
circulation du sang, et Linné dans celle du sexe des plantes ;
enfin le poète et philosophe-naturaliste Redi, et de nos jours, ainsi
que je l'ai dit, Fossombroni, hydraulicien, économiste et homme
politique, et Benvenuti, le plus justement renommé des peintres de
l'école toscane moderne.

En tête de tous ces noms célèbres, il faudrait peut-être mettre
celui de Michel-Ange, né à Caprese, dans les environs d'Arezzo.
L'historien Villani recherchant la raison de ce grand nombre, déjà
signalé de son temps, d'illustres Arétins, l'attribue à l'influence de
l'air subtil et léger du pays, et c'est ici le cas d'appliquer le dicton :
Se non è vero, è ben trovato. Michel-Ange fait lui-même allusion à
cette explication de Villani dans une de ses lettres à Vasari, quand
il lui dit d'une façon ironique : « Si j'ai quelque chose de bon dans
l'esprit, cela est venu de ce que je suis né au milieu de cet air subtil
de votre pays d'Arezzo : *Se io ho nulla di buono nell'ingegno, egli è
venuto dal nascere nella sottilità dell'aria del vostro paese d'Arezzo.* »

Les Arétins, fiers de leurs grands hommes si nombreux, ont pris
plaisir d'en accroître encore la liste. Plus d'une fois, à travers les
rues, Filippo Palmi attira mon attention sur des noms absolument inconnus en dehors d'Arezzo. Je voudrais rappeler quelques-unes des inscriptions qu'on leur a consacrées, pour montrer
jusqu'où peut atteindre le style lapidaire dithyrambique.

Ici l'on nous apprend que naquit et habita le marquis Alexandre
del Borro, *la terreur des Turcs* ; là, Antonio Roselli, *monarcha sa-
pientiæ* ; ailleurs, que Melpomène éleva l'*incomparable* Thomas
Sgricci, et au-dessous on ajoute ce vers de l'Arioste :

Natura il fece, e poi ruppe la stampa,
La nature le fit, et puis brisa le moule.

Ilarione, mon hôtelier, était fier de tant d'illustres compatriotes. Il se plaisait à me citer les inscriptions se rapportant à toutes les célébrités d'Arezzo, où l'on comptait, me disait-il, presqu'un grand homme par maison. Il rappelait aussi avec orgueil le puits de la *via dell' Orto*, célèbre par une Nouvelle de Boccace, celle où la belle Ghitta dupe si bien son jaloux mari, Tofano. Quand il avait épuisé ces thèmes favoris, Ilarione racontait l'histoire d'*Annibale il Cartaginese*, qui défit au bord du lac Trasimène, non loin d'Arezzo, un certain *console* dont on avait oublié le nom. Et comme je feignais de manifester quelques doutes sur cette fameuse bataille : « Je ne vous dirai pas l'époque, reprenait mon interlocuteur, mais allez à Trasimène, et les paysans vous montreront un lieu qu'on nomme Ossaja, tant on y a trouvé d'ossements, et un ruisseau qui a gardé le nom d'*il Sanguinetto*, parce qu'il roulait du sang au lieu d'eau, *perchè invece d'aqua correva sangue.* »

En entendant parler cet homme avec cette conviction si vive, je me prenais à réfléchir à la persistance des traditions historiques. Depuis deux mille ans qu'a eu lieu la grande bataille, le nom du vainqueur *Annibal le Carthaginois*, est resté populaire dans le pays ; tous les paysans vous le répètent, d'Arezzo à Pérouse et de Pérouse à Chiusi ; quant au vaincu, on n'a jamais su comment il se nommait, *væ victis !* Tout ce qu'on en a retenu c'est que c'était un certain consul[1].

Filippo Palmi connaissait comme Ilarione les hauts faits du grand Carthaginois, mais il lui préférait ses chers Étrusques et surtout sa bonne ville d'Arezzo. Je lui demandais s'il n'avait pas chez lui quelques objets d'art à me montrer ou à me vendre. Il me

1. Dans le midi de la France, à Pourrières, sur la limite entre le département des Bouches-du-Rhône et celui du Var, j'ai également recueilli la tradition, chez les paysans, d'une bataille non moins célèbre, celle gagnée par Marius contre les Cimbres et les Teutons. Cette fois on a retenu le nom du consul parce qu'il a été vainqueur. Quant au roi vaincu, Teutobochus ou tout autre, le peuple n'a pas daigné s'en souvenir. Le nom de Pourrières, le lieu même où se livra la bataille gagnée par Marius, vient de *Campi putridi,* tant fut grand le nombre des cadavres amoncelés en cet endroit ; la montagne au pied de laquelle on se battit porte toujours le nom de *Mont de la Victoire.*

dit qu'on ne trouvait plus rien, et que les *Anglais* qui voulaient à
tout prix acquérir quelque chose, en étaient réduits à emporter des
fresques ou des bas-reliefs. Pour lui, il n'avait plus qu'un petit vase
en verre émaillé de Venise, et une bague sacerdotale du moyen
âge, dont la pierre factice représentait la madone assise, avec une
inscription du plus pur gothique. Il m'offrit à des prix très-raison-
nables ces deux objets qui eussent tenté un collectionneur, et
comme j'hésitais : « Vous devriez prendre la bague, me dit l'hon-
nête et naïf cicerone, elle peut servir de baromètre : quand le
temps change, on voit changer tout à coup la couleur de l'or et
celle de l'émail du chaton. »

II

LE VAL-DE-CHIANA

Devant me rendre d'Arezzo à Chiusi, je fis marché avec un voiturin, et nous prîmes la route du Val-de-Chiana qui relie Arezzo à la station de Lucignano, sur le chemin de fer de Sienne à Chiusi.

Le voiturin avait nom Beppino, et il était privé d'un œil. Son cheval était boiteux, de sorte que la bête ne valait pas mieux que l'homme. Mais l'on peut se trouver dans des situations plus difficiles, et dût mon cocher me précipiter dans la Chiana, comme Phaéton qui jeta son attelage dans le Pô, je n'en montais pas moins dans le *calessino* qui m'avait été préparé.

— En voyage on arrive toujours, ou d'une façon ou d'une autre, me dit Beppino, auquel je n'avais pu m'empêcher d'adresser quelques reproches sur l'état piteux de son cheval.

Ce Beppino était bien le plus unitaire de tous les Italiens. Il voyait les événements assez justes de l'œil qui lui restait, et bien qu'il eût été partisan du grand duc au temps jadis, il ne jurait plus que par *Vittorio*.

— Mais on se plaint de la conscription, du militarisme naissant.

— Si on veut l'Italie grande, il faut la faire forte, répondit-il entre deux coups de fouet : le *Tedesco* peut revenir ; d'ailleurs l'armée mêle les provinces, le Toscan et le Piémontais, le Milanais et le Napolitain.

— Et les impôts? J'entends dire partout qu'ils augmentent et que le peuple crie.

— Ils veulent jouir de la maison sans la payer : *vogliono goder la fabbrica e non pagarla*, repartit le sage Beppino, parlant volontiers par sentences, comme la plupart des Italiens. Il faut de l'argent pour unifier le pays ; pour lui donner des ports, des voies ferrées, des routes de terre, des lignes télégraphiques, tout ce qui lui manque enfin depuis si longtemps. Seulement, je voudrais un peu plus de formes chez les avides exacteurs. Les Piémontais sont moins polis que nous autres Toscans.

Et ce disant, Beppino fouettait son cheval à tour de bras ; et le pauvre boiteux traînait, comme s'il n'eût pas été infirme, le lourd calessino. Malgré moi, la figure du char de l'État, que la rhétorique a mise à la mode, me revint à l'idée, et je comparai volontiers Beppino, l'attentif et infatigable voiturin, à un ministre dirigeant. Peu importe la voiture et l'attelage, pourvu qu'on ait un bon conducteur.

Cependant nous avions quitté le *Plan-d'Arezzo* pour entrer dans la vallée de la Chiana. Cette vallée, déserte et inhabitée dès les derniers temps de l'empire romain, devint un foyer d'infection paludéenne au moyen âge. Les voyageurs la redoutaient plus encore que les marais Pontins, et si je ne me trompe, l'évêque d'Auvergne, Sidoine Apollinaire, se rendant des Gaules à Rome dans le sixième siècle de notre ère, nous fait part dans ses *Lettres* des craintes qu'il éprouva en traversant cette contrée malsaine. Il y prit même la fièvre à ce qu'il paraît. A l'époque de Dante, le pays était loin de s'être assaini, et les termes imagés dans lesquels le poète, au chant XXIX de l'*Enfer*, parle des *hôpitaux* du Val-de-Chiana, montrent que le mal n'avait fait qu'empirer. Boccace appelle ces marais *infâmes*, et le poète Fazio degli Uberti, dans son *Dittamondo*, n'épargne pas non plus les épithètes à cette sentine d'infection, qui rend, dit-il, les gens blêmes et hydropiques.

Dès le temps même de Tibère, cette situation s'était déjà prononcée d'une manière si fâcheuse, qu'elle avait provoqué les plaintes des habitants du pays. Elle tient à un phénomène orographique trop rare pour que l'on ne s'y arrête pas un instant.

La ligne divisoire des eaux entre la vallée du Tibre et celle de l'Arno, passe par la vallée de la Chiana. Mais elle est indécise, à peine marquée, au lieu d'être indiquée par une ligne de faîte bien nette, comme cela arrive d'ordinaire pour la limite entre deux bassins hydrographiques. Qu'est-il arrivé en ce cas? Que les eaux de la Chiana, incertaines de leur direction, se sont tantôt dirigées vers le Tibre, tantôt vers l'Arno. Le premier cours est celui qu'elles ont pris de préférence ; mais plus souvent elles se sont étendues en lagunes, ont inondé les champs avoisinants ; et stagnantes, mêlées de produits végétaux et animaux en décomposition, ont répandu partout l'infection et la mort.

Les habitants d'Arezzo et du Val-de-Chiana, dès le règne de Tibère, demandèrent qu'on donnât à la Chiana un cours régulier et qu'on la précipitât dans l'Arno. La municipalité de Florence s'émut et envoya des délégués à Rome, pour supplier l'empereur de renoncer à l'accomplissement de ce projet, qui eût inondé Florence, à ce qu'ils disaient. On peut lire tout cela dans Tacite. Au moyen âge, pareille demande fut faite de détourner le cours de la Chiana, et cette fois par les Arétins auprès de la République florentine. La même objection fut présentée aux intéressés.

Quand on examine sur la carte le cours de l'Arno et celui de la Chiana, on voit qu'il y a là un cas d'hydrographie étrange qui ne se retrouve peut-être nulle part. L'Arno, descendu des hauteurs de l'Apennin, marche sur Arezzo, et son cours est parallèle à celui du Tibre qui roule de l'autre côté de la chaîne. Tout à coup l'Arno dévie à la hauteur d'Arezzo de son cours primitif, puis, par un brusque retour d'équerre, reprend une direction parallèle à celle qu'il avait d'abord, mais de sens contraire, coulant cette fois vers Florence. Arrivé là, il se dirige vers la mer Tyrrhénienne, à peu près perpendiculairement à son cours primitif et à la ligne du rivage.

Il est évident qu'à l'époque antéhistorique, l'Arno devait suivre son cours naturel et se jeter, par la vallée de la Chiana, dans le Tibre. Plus tard il s'est détourné vers Florence, sans doute à la suite de quelque commotion géologique, et la coupe de terrain que nous avons signalée à Incisa paraît témoigner de ce fait. Peut-être qu'alors une branche de l'Arno a continué de couler vers le Tibre, unissant ainsi deux fleuves d'embouchures et de sources différentes, comme l'on en voit un exemple curieux dans l'Orénoque et l'Amazone, unis par le Cassiquiare, ainsi que l'ont victorieusement démontré Bonpland et de Humboldt.

Quoi qu'il en soit, le mouvement incertain des eaux de la Chiana entre la vallée du Tibre et celle de l'Arno, l'état stagnant de ces eaux, surtout aux environs de Chiusi et de Montepulciano où elles donnent naissance à deux lacs, a transformé pendant des siècles tout le pays environnant en une véritable maremme. J'ai dit quelles oppositions empêchèrent de lever d'abord la difficulté. Mais quand vinrent les Médicis et qu'avec eux se développa le génie des grandes entreprises, quand en même temps naquirent les sciences d'expérimentation avec Galilée et ses vaillants disciples Torricelli et Viviani, le problème du *bonificamento* du Val-de-Chiana fut énergiquement attaqué. On y a travaillé depuis 1551, et ce n'est qu'à notre époque (1823) que la vraie solution a été trouvée par le savant hydraulicien le comte Fossombroni. C'est lui qui en inventant les *colmate*, ou apports de terres alluviales, au moyen de torrents successivement détournés et amenés sur un point voulu, a peu à peu exhaussé les diverses parties de ce sol marécageux, et donné à la Chiana une pente régulière vers l'Arno. En même temps il a canalisé et drainé ainsi tout le pays environnant. A la *Chiusa de'Monaci*, ou l'Écluse-des-Moines, la Chiana précipite ses eaux en cascade dans l'Arno d'une hauteur de plusieurs mètres.

On n'avait jamais osé toucher à ce mur naturel, à cause de l'éternelle crainte des Florentins qui croyaient qu'en abaissant le niveau de la Chiana et jetant toutes ses eaux dans l'Arno, on inonderait leurs campagnes, sans quoi la solution du problème eût été ainsi toute trouvée. Fossombroni respecta ce point, mais après lui le chevalier Manetti, à qui est échu l'honneur d'achever de nos jours l'asséchement du Val-de-Chiana, a un peu entamé la Chiusa envers et contre tous. Florence n'a pas été submergée, et la vallée, qui n'était naguère encore qu'un vaste marécage, est devenue un pays agricole des plus florissants, que l'on peut comparer aux plus fertiles campagnes d'Italie. C'est entre le lac de Chiusi et celui de Montepulciano que se trouve maintenant la ligne divisoire des eaux de l'Arno et du Tibre. Cette ligne, tout artificielle, est ce qu'on nomme la digue séparatrice : *l'argine di separazione*. Les eaux du lac de Chiusi s'écoulent dans la Chiana romaine qui se jette dans le fleuve Argento. Celui-ci se réunit à la Paglia près d'Orvieto, et la Paglia ne tarde pas à confluer avec le Tibre qui porte à Rome ses eaux jaunies, *flavum Tiberim,* comme l'appelait Horace. Quant aux eaux du lac de Montepulciano et à celles de la Chiana toscane, elles se jettent dans l'Arno par la Chiana canalisée, le *Canal maestro,* et l'Arno aux eaux boueuses, jaunies par les alluvions, mérite bien la même épithète que son confrère romain.

La vallée de la Chiana, que je n'avais pas tardé à rejoindre en quittant Arezzo, est parsemée de *poderi* ou métairies, reliées à des *fattorie*, vastes fermes centrales où se concentre la direction de tous les travaux agricoles. On cultive dans ces belles campagnes surtout les céréales, et j'ai ouï dire que le blé s'y conservait, comme en Afrique, dans des silos. Après le blé vient le maïs dont on fait grande consommation en Toscane, surtout pour la préparation de la *polenta*, ce mets national du paysan italien. Le chanvre et quelques produits de jardinage, m'ont paru marcher de compagnie avec le blé et le maïs. Le mûrier est partout cultivé pour ses feuilles dont se nourrit le ver à soie. La vigne n'est pas non plus négligée, mais on la plante principalement sur les coteaux. Non loin de là poussent les crus fameux de Montepulciano, que le poète Redi, un fin connaisseur, appelait le roi des vins : *Montepulciano d'ogni vino il rè.* Ces coteaux plantés de vignes sont adossés à des collines plus hautes qui enserrent la vallée de la Chiana, et qui sont couvertes d'oliviers ou de bois taillis, surtout de chênes verts.

Çà et là la montagne va s'élevant, et alors elle projette sur l'horizon son chef dénudé, couronné d'un village bâti entre de vieux remparts. Le besoin d'échapper à la fièvre, et la nécessité où l'on était au moyen âge de se défendre des irruptions du voisin, sont ici les deux raisons qui ont amené cette élévation des lieux habités. Ces villages fortifiés, Civitella, Monte-San-Savino, Marciano, Fojano, Lucignano, font un effet très-pittoresque avec leurs vieilles tours et leurs antiques murailles. Il y a pour chacun d'eux un bout d'histoire : Lucignano a été assiégé par l'évêque guerrier d'Arezzo, Guido Tarlatti, dont nous connaissons déjà les prouesses. Dans un des bas-reliefs qui ornent le tombeau du prélat, ce siége a été représenté. C'est une preuve que Lucignano s'est bien défendu, et a donné, comme on dit, *maille à retordre* au belliqueux évêque. A Marciano, Cosme Ier de Médicis, après avoir confisqué à son profit toutes les libertés florentines, défit les restes du parti républicain, commandés par le malheureux Strozzi.

C'est ainsi que, mêlant l'histoire à l'agriculture, j'arrivai sur la voie ferrée de Sienne à Chiusi. Beppino m'avait quitté. Ayant trouvé à moitié route une voiture qui menait des voyageurs du chemin de fer à Arezzo, tandis que nous allions d'Arezzo au chemin de fer, il avait fait un signe au voiturin. Celui-ci avait compris et répondu de la tête que oui. Alors Beppino m'avait demandé le plus naturellement du monde de passer dans la voiture de son confrère, tandis qu'il en prendrait les voyageurs. De la sorte il rentrerait à Arezzo, le confrère à Lucignano, et chacun, pour le prix convenu, n'aurait fait que moitié du trajet. J'admirai le sens profond d'une pareille combinaison, mais elle n'est d'usage qu'en Italie, où le voyageur est un peu la chose du voiturin. Je m'y soumis du reste assez volontiers, car je troquais contre un cheval et un cocher intacts mon solipède boiteux et mon voiturin borgne; il est vrai que le nouveau était moins fort que l'ancien en histoire contemporaine. Il était même un peu *codino*, c'est-à-dire conservateur, du parti de l'ancien grand duc. Ainsi se retrouve partout le système des compensations, d'après le philosophe Azaïs.

De la station de Lucignano à celle de Chiusi on suit la vallée de la Chiana, et on laisse à droite de nouveaux villages campés sur les hauteurs : Asinalunga, Torrita, Chianciano; puis on côtoie les lacs de Montepulciano et de Chiusi, qui rappellent, à s'y méprendre, aux voyageurs qui ont parcouru la Savoie, le panorama si gracieux du lac du Bourget.

Je descendis à Chiusi à l'hôtel du Lion d'or, *il Leone d'oro*, dont l'enseigne parlante, agitée par le vent, grinçait sur son support de fer comme une girouette, et semblait appeler le passant. Le maître du logis, quelque peu antiquaire, avait une riche collection de bronzes et de vases peints de toute espèce, d'urnes sépulcrales de toutes dimensions; ceux-ci soigneusement enfermés dans un *musée*, celles-là alignées sur les marches de l'escalier et jusqu'aux portes des chambres. On ne rentrait chez soi qu'entre deux haies de tombeaux : c'était comme un diminutif de la voie Appienne.

J'obtins de mon hôte l'entrée de son musée, qui n'avait rien de secret comme ceux de Naples et de Rome, mais qui abondait en objets d'art du plus haut prix, surtout en bijoux et en pierres gravées. Les bijoux, bagues ou pendants d'oreilles, du travail le plus exquis, sont ornés de ces granulations que les Étrusques excellaient à obtenir sur le métal même, et qui semblent comme un perpétuel défi jeté à nos plus habiles orfèvres. On peut en dire autant du filigrane des Étrusques. Quant aux formes, elles sont de la plus remarquable élégance, et l'on sait du reste la révolution que les bijoux du musée Campana ont produite dans l'orfèvrerie parisienne. Quelle civilisation raffinée nous dévoilent ces restes délicats !

Les pierres dures gravées en creux, les intailles, comme on les nomme, pour les différencier des camées, sont également du plus beau travail, et le fini en surpasse tout ce que la Renaissance a fourni de plus parfait dans ce genre. Chiusi était renommée chez les Étrusques pour ses cornalines et ses agates gravées, surtout pour ses scarabées, car les Étrusques ont taillé les pierres dures à la façon des Égyptiens, avec lesquels ils ont d'ailleurs tant d'autres points de ressemblance. Il y a, aux environs de Chiusi, un champ où l'on trouve beaucoup de ces pierres, quand la pluie a remué et détrempé le sol. On le nomme *il Campo degli Orefici*, ou le Champ-des-Orfévres, parce qu'on y a découvert, montées sur leur chaton, la plupart des intailles trouvées jusqu'à ce jour. Trois des plus belles pierres que j'ai rencontrées à Chiusi viennent de là. Ce sont un scarabée représentant un chien à trois têtes, sans doute Cerbère, gardien des enfers ; une pierre de bague, où est gravé un Pégase ailé, et une autre où l'artiste a dessiné une femme debout, vêtue d'une tunique. Une tache dans la cornaline, formée par une série de lignes blanches, concentriques, qui vont se jouant autour de la tête et du buste, fait l'effet d'un voile transparent.

Mon hôte me montra ses trésors avec beaucoup de complaisance. Il les estimait fort haut, et c'était à des milliers de francs qu'il cotait son assortiment de bijoux, son *finimento*, comme il l'appelait, qui d'ailleurs était fort beau et du meilleur choix. « Qu'y faire ? me dit-il, les trouvailles sont rares, et puis les étrangers ne passent plus : le chemin de fer a tout tué. Autrefois on s'arrêtait ici en allant à Rome ; à présent on continue par la voie ferrée. Il faut donc profiter de l'occasion quand il passe quelque acheteur. » Le brave homme, on le voit, n'était pas au courant du principe, si souvent cité par les économistes, de l'*offre* et de la *demande*. — Et comme je lui conseillais d'abaisser ses prix : « Alors, achetez tout en bloc. Il passe souvent ici des antiquaires de Rome et de Naples, qui nous emportent des musées entiers, puis ils vont revendre cela en détail aux crédules Anglais, comme des objets trouvés dans la campagne romaine ou dans les fouilles de Pompéi. »

— Et la fabrication des antiquités, comment marche-t-elle chez vous?

— Assez mal ; il y a cependant un forgeron qui vous proposera des bronzes qu'il a fondus d'après l'antique. Et il me souffla son nom à l'oreille.

— A quel prix vend-il cela ?

— Au prix de l'original ; mais les naïfs seuls s'y laissent prendre : on voit la fraude rien qu'à la patine.

L'antiquaire avait raison, car la patine est magnifique sur tous les vieux bronzes de Chiusi. Bleue ou verte, elle a souvent attaqué très-profondément le métal, et l'a revêtu d'un véritable émail aussi éclatant qu'il est épais. C'est ainsi que les conditions climatologiques d'une contrée viennent elles-mêmes donner à l'art antique un concours précieux.

L'aubergiste archéologue qui raisonnait si volontiers de l'art étrusque, tenait de plus un café qu'il avait mis sous la protection de Dante. Et malgré tout il n'était pas content, il se plaignait que le métier n'allait pas. Comme je lui en demandais la raison : « Du temps du grand duc nous étions ville de frontière, me dit-il, il y avait toujours un peu de contrebande à faire ; aujourd'hui tous ces profits sont perdus par suite de l'annexion des Romagnes. »

III

LES HYPOGÉES DE CHIUSI

Deux guides se disputent à Chiusi le droit de promener les visiteurs, de les introduire dans les musées des particuliers, enfin de
les initier à toutes les merveilles de l'antique capitale de Porsenna.
L'un a nom Giambattista Zeppoloni, et il est cordonnier de son
état; l'autre est Pietro Foscolo, *scavatore*, excavateur, comme il se
nomme, et il ne fait pas autre chose que de découvrir des antiquités et servir de cicerone aux touristes qui viennent visiter
Chiusi. Il a élevé toute sa famille dans ce métier : son frère
ou ses deux fils le remplacent s'il est absent. D'une habileté rare à
fouiller le sol, il a souvent accompagné des antiquaires jusqu'en
Sicile, et sur ce terrain nouveau pour lui, comme sur son terrain de
Chiusi, il a vu ses recherches couronnées des plus heureux résultats.

Tel est le guide que je fis venir. Un homme de petite taille,
déjà vieux, mais vert et vigoureux, à peine grisonnant, parlant
bien et avec mesure, se présenta bientôt à moi, prêt à m'accompa-
gner partout. Pour procéder avec ordre, je demandai à visiter
d'abord les tombeaux souterrains, les hypogées ; car je savais que,
sous ce rapport, Chiusi est, après Corneto (Tarquinies), où sont
les sépulcres des Tarquins, la plus curieuse des anciennes cités
étrusques : on l'a nommée, avec juste raison, la *ville des tombeaux*.

Les hypogées sont autour de Chiusi, sous les collines qui, comme
d'énormes *tumuli*, environnent la ville, perchée elle-même sur une

montagne élevée. Nous partîmes de bon matin pour cette intéressante tournée. Foscolo me recommanda de ne point rester à
jeun, afin de mieux faire la course : « *La bocca porta le gambe*, la
bouche porte les jambes, » me dit-il sentencieusement, et je crois
bien que, comme Sancho, il improvisa son proverbe sur-le-champ
et pour la circonstance.

Le premier hypogée que nous visitâmes est celui de Poggio-al-
Moro, découvert en 1826. Entièrement creusé dans un tuf sablonneux très-fin et très-homogène, il est en forme de vaste chambre,
dont le plafond va s'abaissant de part et d'autre de la ligne mé-
diane. Ce plafond est orné ; le pourtour de la chambre est décoré
de peintures aujourd'hui en partie disparues, et représentant des
jeux, des repas funéraires. Sur une banquette ménagée à hauteur
d'appui, sont les urnes rectangulaires en albâtre, en terre cuite,
en travertin, contenant les os des divers membres de la famille à
laquelle appartenait l'hypogée. Les noms des défunts sont inscrits
en étrusque sur le devant de l'urne. Il n'est fait jamais mention
que de la descendance maternelle. La même coutume ne se retrouve
que chez les Lydiens, dont les Étrusques paraissent provenir. Il est
curieux qu'elle n'ait été nulle autre part observée, car si l'on est
toujours fils de quelqu'un, comme disait Bridoison, c'est bien de la
mère qui vous a fait.

De l'hypogée de Poggio-al-Moro, nous passâmes à celui de
Poggio-Gajella, dont la découverte, en 1840, émut tous les antiquaires de l'Europe, qui crurent y retrouver le tombeau de Porsenna, ce fameux lucumon de Chiusi. C'est sur une description de
Pline et de Varron que se fondaient les archéologues pour justifier
leur opinion ; mais la description de Pline est de pure fantaisie,
comme bien des descriptions de ce singulier naturaliste, qui ac-
cueillit avec une crédulité si naïve toutes les fables de son époque.
« Pline nous en compte parfois de belles ! » disait un vieil auteur
français. D'ailleurs, pour couper court à la discussion, toutes
les urnes trouvées dans les chambres sépulcrales de Poggio-Gajella portent un autre nom que celui de Porsenna, et si le gigantesque tumulus sous lequel ces chambres ont été creusées dans le
tuf, rappelle la description de Pline, c'est seulement par ces labyrinthes, ces culs-de-sacs ouverts dans la roche, on ignore dans quel
but. Dans les chambres d'où se détachent ces labyrinthes, étaient
les urnes funéraires aujourd'hui transportées ailleurs. Les peintures

dont les parois des chambres étaient ornées, sont à peu près effacées. L'hypogée de Paggio-Gajella n'en est pas moins un des plus curieux de Chiusi et, dans tous les cas, le plus étendu ; mais ce n'est pas celui de la famille Porsenna, qui reste toujours à découvrir.

Pour retrouver presque intactes quelques-unes des peintures dont les Étrusques ornaient leurs demeures sépulcrales, il faut aller à l'hypogée de Colle dont la porte en travertin, roulant sur ses gonds de pierre, ferme, depuis deux mille cinq cents ans peut-être, l'entrée de l'hypogée. Les chambres, au nombre de trois, y sont petites et fort élégantes. Les peintures autour de la première sont les mieux conservées. Elles représentent des luttes, des jeux, des danses, des courses de chars et un repas funéraire, partout des souvenirs de la vie étrusque.

Tous les hypogées que nous avons jusqu'ici visités sont ouverts dans le tuf, roche tendre, sableuse, sur laquelle on voit encore les traces du pic, comme si l'ouvrage ne datait que d'hier, mais assez résistante pour s'être écaillée à peine, depuis un temps vingt et trente fois séculaire. A l'hypogée du grand duc et à celui de Vigna-Grande, le style architectonique change, et nous trouvons la voûte en travertin. Les pierres, taillées avec le plus grand soin, sont unies entre elles sans ciment ; c'est à peine si une lame de couteau passerait entre les joints. Involontairement on se reporte à la *cloaca maxima* de Tarquin-l'Ancien, à Rome. Les Étrusques ont été les maîtres des Romains dans l'art de bâtir comme en tant d'autres. A eux revient l'honneur d'avoir inventé la voûte, que n'avaient pas su trouver les Grecs. A Vigna-Grande, comme à l'hypogée du grand duc, on a laissé en place les urnes sépulcrales, après avoir enlevé les objets précieux qu'elles contenaient. Les urnes sont en travertin, sculptées sur le devant ; l'artiste revient volontiers à une figure de Sirène ou à une tête de Méduse, de Gorgone tirant la langue, quelquefois à de simples ornements de fantaisie. Les noms qui se lisent sur les sarcophages, ceux de *Peris* à l'hypogée du grand duc, et de *Therini* à Vigna-Grande, n'ont pas laissé de traces dans l'histoire, mais on a trouvé, dans des hypogées aujourd'hui éboulés, le nom de Cœles Vibenna (en étrusque *Caule Vipina*), qui nous ramène au temps de Romulus, et celui de Porsenna (en étrusque *Pursna*), qui nous fait involontairement songer au fier ennemi de Rome, la terreur du Sénat. Seulement comme je l'ai dit, le véritable caveau de la famille Porsenna, et encore moins la tombe du grand Porsenna lui-même, n'ont pas encore été retrouvés.

On lit sur des urnes funéraires de Chiusi, quelques noms étrusques qui offrent une étrange ressemblance avec des noms latins connus : Plauti, Pumpu, Sintinati, Titi, Tulus, Vipi (Vibius), Cutlisna (Catilina). A Volterra, on trouve de même les Vlave (Flavius), les Cracna (Gracchus), les Ceicna (Cœcina); à Pérouse, les Petruni, les Cesi, etc.

Les hypogées étant disséminés autour de Chiusi, aux quatre vents de l'horizon, en les visitant on tourne autour de la ville sur un rayon de plusieurs kilomètres. Partout, dans la campagne, on retrouve d'antiques fondations rappelant la splendeur de la Camars étrusque ou de la Clusium des Romains, qui s'étendait alors bien au delà de l'enceinte moderne de Chiusi. En arrachant ces pierres des champs, les propriétaires ont bâti leurs villas et leurs fermes, élevé sur le bord des chemins des murs de plusieurs centaines de mètres de longueur. Les pierres sont de grandes dimensions, rectangulaires, toutes taillées, ce qui avance singulièrement la besogne, et elles sont en beau travertin, calcaire poreux, faisant corps avec le mortier, durcissant à l'air. C'est de cette qualité de pierre, que l'on retrouve partout dans l'Étrurie et la Romagne, que furent bâties les maisons de l'ancienne Rome et une portion de ses monuments, tels que le Colisée. C'est aussi avec ces solides matériaux que fut édifiée Camars, et si ses monuments sont détruits, si le temps, si les invasions successives des Romains, des Barbares, des hordes du moyen âge, les ont dispersés peu à peu, le souvenir n'en est pas tout à fait perdu. « Voyez là-haut cette montagne, me disait Foscolo, comme nous rentrions à Chiusi, on l'appelle *monte di Venere,* ou, comme disent nos paysans, *monte Venera* [1], parce qu'il y avait là autrefois un temple de Vénus. »

Le paysage autour des hypogées, surtout quand on approche des lacs de Montepulciano et de Chiusi, est des plus pittoresques. La vallée de la Chiana s'y montre encore plus fertile et plus riante qu'ailleurs. Les bois d'oliviers, les riches vignobles alignés ici dans la plaine, les collines ondoyantes parées de leur manteau de

----

1. Comparant *monte Venera* avec *mons Veneris*, on voit le passage du latin à l'italien.

chênes verts, tout cela baigné d'air et de lumière, formé le plus gracieux tableau, ayant pour fond, d'une part la nappe bleue des lacs, et sur le dernier plan, la ligne sombre et sinueuse des monts de la Romagne.

Le lac de Chiusi marquait naguère la limite de la Toscane. Une vieille tour, qui en regarde une autre, servait de demeure à la gent respectable des douaniers. Dans l'une étaient campés les serviteurs papalins, dans l'autre les grand-ducaux. Ils vivaient entre eux en bonne intelligence, et partageaient fraternellement avec les contrebandiers, s'il faut en croire la tradition locale. Au moyen âge, les deux tours furent élevées par deux seigneurs voisins et par conséquent ennemis; elles virent des jours moins pacifiques, et les coups d'arbalète et de mousquet s'échangèrent maintes fois de l'une à l'autre, car la tour toscane porte le nom singulier de *Beccati questo*, et la tour romagnole celui non moins étrange de *Beccati quest'altro*, comme qui dirait : *Attrappe ceci, attrappe cela*. Au temps où se passaient ces luttes intestines, le gonfalonnier de Chiusi avait coutume d'épouser tous les ans les eaux de son lac, sur une façon de Bucentaure. Cela dura jusqu'en 1500, puis la coutume se perdit; elle n'a cessé à Venise qu'à la fin du siècle dernier.

Les environs de Chiusi ne sont pas riches seulement en hypogées étrusques, il y a aussi des catacombes chrétiennes, et jamais ne s'est mieux vérifiée l'idée, admise aujourd'hui par la plupart des antiquaires, que les hypogées des Étrusques ont donné aux premiers chrétiens l'idée de leurs sépultures souterraines [1].

Les catacombes de Chiusi sont au nombre de deux : celles de Sainte-Mustiola, vers les bords du lac, et celles de Sainte-Catherine, plus près de la ville, sur la route qui mène au chemin de fer. Celles-ci sont les plus importantes, et paraissent contemporaines du temps des Antonins. On assigne aux autres une date bien plus ancienne. Les galeries sont taillées dans le tuf, comme dans les hypogées étrusques. Les inscriptions, tracées sur le marbre, ne révèlent rien de particulier, si ce n'est qu'elles sont de la plus grande simplicité, se bornant à rappeler les noms et l'âge du défunt. Parfois la douleur des parents et des amis est indiquée en termes nobles et touchants. Les fautes d'orthographe sont assez

---

1. Foscolo, qui me conduisit dans les catacombes de Chiusi, les nommait imperturbablement des *catatombes*.

communes, et cependant les lettres indiquent d'ordinaire une
bonne époque. En tête de la pierre sépulcrale, le **D. M.** (*Dis mani-
bus*) n'est jamais oublié; mais un prêtre de Chiusi me l'a ainsi
expliqué : *Deo maximo.* On voit qu'il est avec le ciel des accommo-
dements.

Je n'ai vu la croix qu'une fois, et encore celle que les Italiens
appellent *gammata*, c'est-à-dire dont les branches, toutes égales,
sont terminées comme le gamma majuscule des Grecs, Γ¹. Le **B. M.
P.** (*bene merenti posuerunt*), qui marque la fin de beaucoup d'inscriptions, est une formule purement chrétienne, ce qui ne laisse
plus aucun doute sur la destination de ce cimetière souterrain.

Les catacombes de Chiusi rappellent de tous points, sauf l'impor-
tance, celles de Rome, qui ont été depuis quelques années l'objet de
si intéressantes études. La montagne de tuf qui porte la ville a été
aussi creusée par les Étrusques comme un véritable labyrinthe.
C'est sans doute cette circonstance, jointe à la connaissance que
devaient avoir des hypogées étrusques les premiers chrétiens de
Chiusi, qui aura donné à ceux-ci l'idée de se creuser des tombeaux
souterrains. Quant au but que poursuivaient les Étrusques, en
traçant ainsi un labyrinthe au-dessous de leur ville, on s'est
épuisé en conjectures pour le deviner. Était-ce là un immense drai-
nage destiné à assécher la ville? La ville est bâtie sur une émi-
nence, et de plus sur un terrain sec, sur le tuf poreux. Était-ce un
lieu de refuge en cas de surprise par l'ennemi? On n'y aurait
pas tenu longtemps. Était-ce une cachette pour des trésors? On
n'y a jamais rien trouvé. Pour moi, j'ai toujours cru qu'il y avait là
les restes d'une carrière où l'on a dû exploiter le tuf sablonneux et
si homogène du pays, pour en obtenir ensuite, en le pulvérisant, un
sable pour les constructions. C'est ainsi qu'on exploitait la pouzzo-
lane à Rome. Les habitants actuels de Chiusi, dont les caves ou-
vrent sur ces labyrinthes, savent les utiliser, sans s'inquiéter de
leur destination primitive. Ils y tiennent le vin au frais, et pour-
raient même les transformer en glacières, si l'usage de la glace était
répandu à Chiusi. Ils les montrent aux étrangers moyennant une
bonne main, et jamais ils ne se sont creusé la tête pour savoir ce
que les Étrusques pouvaient faire de ces longues et interminables
galeries.

---

1. C'est la même croix qu'en terme de blason on nomme croix potencée.

IV

LES MUSÉES DE CHIUSI

Il est difficile de rêver une ville étrusque sans une enceinte de murs cyclopéens. Chiusi, moins bien partagée sous ce rapport que Populonia, Fiesole, Volterra, ou d'autres cités tyrrhéniennes dont les murailles sont presque entièrement conservées, a cependant quelques beaux pans de murs encore debout. Je ne parle pas de son enceinte romaine, réparée et diminuée au moyen âge, car la ville est toujours allée décroissant, mais de ses premières murailles, contemporaines de Porsenna. Elles sont en pierres de grandes dimensions, de forme quadrangulaire. Les assises n'en sont pas moins irrégulières, c'est-à-dire qu'elles ne se suivent pas sur une même ligne de niveau ; enfin les murs ont été faits sans mortier, et la face des pierres est taillée et non rustique.

Il y a à Chiusi deux ou trois de ces pans de murs encore en place, au moyen desquels on peut dessiner l'antique enceinte, en les reliant à des restes de fondations qu'on retrouve dans la campagne. La ville moderne danse au milieu de cet immense espace. Elle n'est plus qu'un petit village, comptant à peine deux mille habitants, alors qu'elle fut si peuplée et si riche autrefois ! Dante disait déjà de son temps : « Est-il donc si extraordinaire de voir les hommes mourir, puisque les cités elles-mêmes finissent? Voyez comme s'en va Chiusi ! » Est-ce bien là la cité fameuse qui fit trembler la ville de Romulus, qui épouvanta le Sénat? Jamais, au dire de Tite-Live, le Sénat n'avait éprouvé pareille frayeur que lorsque Porsenna vint mettre le siége devant Rome, tant Chiusi était alors puissante, tant était grand le nom de Porsenna ! Et aujourd'hui, que reste-t-il de tant de gloire ? quelques pierres, quelques tombeaux.

Des ruines de murs cyclopéens, des hypogées, voilà, en effet, tout ce que nous retrouvons des anciens monuments des Étrusques à Camars. Pour étudier l'histoire, les mœurs, la religion, la langue de l'antique Étrurie, il faut se transporter dans les différents musées de Chiusi, appartenant tous à des particuliers, et libéralement ouverts aux visiteurs. Ce sont les dignes rivaux des musées étrusques de Rome et de Florence, et du musée Campana de Paris. C'est des hypogées que toutes les richesses qu'ils renferment ont été tirées, et la moisson a été belle, même après la violation des tombes par les Romains d'abord, par les Barbares ensuite [1]. Il est vrai que beaucoup d'hypogées ont été retrouvés intacts.

Le premier des musées de Chiusi est le musée Casuccini, où la famille de ce nom s'est plu, depuis plusieurs générations, à accumuler tous les objets trouvés dans les nombreux terrains qu'elle possède aux environs de Chiusi. L'hypogée de Colle, celui de Poggio-Gajella, appartiennent aux Casuccini, et toutes les urnes funéraires, tous les vases, bronzes, bijoux, etc., rencontrés dans ces hypogées ou déterrés en d'autres points du sol, ont été apportés dans ce musée. Quelques-uns des objets sont de première valeur, et ont mérité d'être reproduits, *illustrés*, comme disent les Italiens, dans les ouvrages restés classiques sur l'Étrurie, tels que ceux d'Inghirami et de Micali. Il est fâcheux qu'une partie de ces trésors ait été naguère vendue, et que le propriétaire actuel cherche à vendre le reste en bloc. Quelques-uns des musées de Chiusi ont ainsi disparu pour prendre la route de l'étranger. L'Allemagne et l'Angleterre s'en sont disputé plusieurs. En attendant de trouver un acquéreur, M. Casuccini ouvre gracieusement à tous ceux qui lui en font la demande l'accès de sa riche collection. Il n'exige qu'une chose, c'est qu'on laisse sa canne à la porte et qu'on ne touche à rien ; les yeux seuls ont permission d'agir.

---

1. « On peut enlever aux tombeaux les objets précieux qu'ils contiennent, écrivait Théodoric à Symmaque, car il est naturel que ce dont les morts n'ont que faire, profite au moins aux vivants. »

Qui posate ogni impiccio, e sia per gli occhi
Libero il giro, ma la man non tocchi,

comme dit le distique qu'on lit affiché en entrant.

Le musée est riche en sarcophages et en urnes étrusques. Quelques-unes de celles-ci rappellent les canopes égyptiens. Le couvercle des vases est formé dans ce cas par une tête d'homme, et les anses par les bras pendants. Une statue d'homme assis, en terre cuite, dont la tête peinte et les bras sont mobiles, est évidée à l'intérieur. Dans ce vide étaient les os incinérés.

Cette statue a pour pendant une statue de femme en travertin, creuse aussi. Les antiquaires regardent ces deux objets comme de la plus vieille époque. Il est clair que lorsqu'on les compare à cette statue de femme couchée, de grandeur naturelle, ornée de tous ses bijoux et drapée dans sa tunique, statue qui surmonte un grand sarcophage au fond de la salle d'entrée, on voit d'un côté l'enfance de l'art, et de l'autre son apogée dans une œuvre qu'auraient signée les Grecs ou les Romains.

Quelques-unes des urnes sépulcrales portent une inscription bilingue, c'est-à-dire en étrusque et en latin ; on y lit en étrusque, avant le nom et la filiation, les initiales *lo.* et *ar.* (lucumon, aruns ou aruspice). Toutes sont surmontées, suivant l'usage invariable, de la statue du défunt, couchée ou appuyée sur des coussins. Les hommes tiennent à la main un livre, une patère, peut-être la coupe des sacrifices, et sont ornés du lourd collier ou *torques;* les femmes ont un miroir, un éventail d'une main, et de l'autre la grenade symbolique. Le type est rarement beau ; les formes sont replètes, massives, la graisse abonde, et l'on songe malgré soi au *pinguis Tyrrhenus* de Virgile, ou à l'*obesus Etruscus* de Catulle. Les bas-reliefs des tombeaux, représentant des chasses au sanglier, des sacrifices humains, des convois funéraires, des luttes de gladiateurs, des scènes de la mythologie grecque, etc., nous initient aux usages et à la religion des Étrusques.

La plupart des urnes sont en albâtre de Volterra, ce qui indique entre cette dernière lucumonie [1] et celle de Chiusi des rela-

---

1. On sait que l'on appelait de ce nom chacune des douze capitales de la Confédération tyrrhénienne. Les principales étaient, au centre de la Péninsule : Chiusi, Arezzo, Cortone, Pérouse, Tarquinies, Vetulonia, Volterra, Véies, Roselles, etc.

tions fort suivies. De même, les objets en bronze sont faits, sans nul doute, avec le cuivre que tirait Populonia de ses mines, et avec l'étain que les Étrusques allaient chercher chez les Phéniciens de Tyr ou de Carthage. Ceux-ci l'achetaient à leur tour dans les ports de l'Armorique gauloise ou de la Cornouaille britannique, c'est-à-dire qu'ils franchissaient, pour l'acquérir, les colonnes d'Hercule et s'élevaient dans l'Atlantique, bravant les vents et les marées. A cette époque, les relations de peuple à peuple, même au loin, étaient bien plus fréquentes qu'on ne le croit communément. Ainsi, une chose qui frappe dans les bas-reliefs étrusques, c'est de leur trouver souvent la plus grande ressemblance avec les bas-reliefs égyptiens ou assyriens. On y voit jusqu'à ces prêtres mitrés, à la barbe et au type caractéristiques, aux formes raides et immobiles, que les antiquités de Ninive ou de Memphis qui ornent maintenant nos musées, ont rendu familiers à tous. Comment expliquer cette curieuse coïncidence sans des relations suivies entre tous ces peuples? Au reste, les Étrusques sont de race asiatique; pour peu qu'on les ait étudiés, on ne met plus aujourd'hui ce fait en doute. l'Asie les réclame, comme disait Sénèque : *Tuscos Asia sibi vindicat.* L'art, la langue, la religion, les mœurs, tout vient en Étrurie de l'Asie-Mineure, de l'Égypte, de l'Orient. Les Étrusques sont même des Sémites. Pourquoi faut-il que nos historiens aient si longtemps oublié cela, et fait venir les Tyrrhéniens en Italie, par les Alpes, de je ne sais de quel coin imaginaire de la Rhétie?

Le musée Casuccini est aussi riche en bronzes et en vases qu'en urnes et en sarcophages. M. Casuccini montre de plus, mais cette fois dans sa collection particulière, le fameux vase en terre noire que les antiquaires allemands ont nommé le *vase d'Anubis*, à cause de la ressemblance d'un des personnages qui y sont représentés avec le dieu égyptien de ce nom, à la tête de chien. Un vase peint, de la plus grande beauté, où est dessiné le jugement de Pâris, est également la propriété des Casuccini. Ce dernier vase a été trouvé dans l'hypogée de Poggio-Gajella.

Au musée Paolozzi on voit, entre autres objets fort remarquables, un magnifique cippe funéraire avec un bas-relief représentant une scène de deuil, reproduite par Inghirami et Micali, dans leurs grands ouvrages sur l'Étrurie. Au musée de l'évêque de Chiusi, aux musées Mazzetti et Giuglietti, sont également de beaux vases peints, quantité d'urnes sépulcrales et des bronzes d'un fini achevé, entre autres des statuettes, des trépieds ou supports de lampes, et des miroirs mystiques avec dessins gravés à la pointe, ce que les Italiens nomment des *grafitti*.

M. Giuglietti possède également une collection de superbes bijoux : colliers, bagues, pendants d'oreilles ; il a fait monter quelques pierres gravées, notamment une agate à deux couleurs. Le monteur, un orfèvre de campagne, ayant boutique à Città-della-Pieve, une petite ville voisine de Chiusi, qui s'honore d'avoir vu naître le Pérugin, a imaginé pour le chaton de cette bague un modèle d'une rare élégance, digne des Étrusques. On dirait que la tradition de l'art s'est maintenue chez ces descendants des Tyrrhènes, et que, tandis que les procédés délicats des orfèvres étrusques restent cachés pour nous, et font le désespoir de nos ouvriers, les bijoutiers du pays en ont comme conservé la tradition.

Je terminai ma visite aux musées de Chiusi par la collection de monnaies étrusques que possède le chanoine Mazzetti. Cet amateur a aussi une belle collection de médailles et de monnaies papales, qu'il me montra avec une entière obligeance, et comme je le complimentais : « *Per raccoglier monete si vogliono tre t : tempo, testa e testone.* Il faut trois t, me dit-il, pour collectionner des monnaies : du temps, de la tête et des *testons* (écus de cinq francs), et je n'ai rien de tout cela, » ajouta-t-il avec un fin sourire.

Je m'attachai surtout à examiner les vieux sous étrusques tout vert-de-grisés. Camars portait sur ses monnaies la roue à six rayons. Une seule lettre, le V étrusque, sonnant OU, indéchiffrable ici, se lit sur la face ou le revers. La roué est remplacée quelquefois par l'ancre. Des monnaies portent les noms de Todi ou d'Hatri, colonies étrusques du centre de l'Italie ; d'autres, qui ont un éléphant pour emblème, m'ont paru des sous puniques laissés probablement par les soldats d'Annibal. Un des as présente les initiales F E T, sans doute *Vetluna*, la Vetulonia des Latins, dont on n'a jamais pu retrouver les ruines. Enfin, un sou sur lequel se lisent les initiales K A M, se rapporte évidemment à Camars, dont la moderne Chiusi occupe l'emplacement.

Le bon chanoine me guidait dans ce déchiffrement. Ses longues études, sa vieille expérience lui permettraient d'en remontrer aux plus habiles. Il me fit voir un débris de plaque de bronze portant d'un côté une inscription latine et de l'autre une inscription étrusque. Les caractères en sont fort beaux, et le bronze de la plus grande pureté. Micali, je crois, a reproduit cette pièce unique. Si on l'eût trouvée intacte, elle eût peut-être rencontré un autre Champollion, tandis que jusqu'ici la langue étrusque est restée rebelle aux recherches de tous les savants. On est à peine parvenu à la lire et à en comprendre quelques mots, et alors que les hiéroglyphes de l'Égypte, les caractères cunéiformes des Assyriens ne sont pour ainsi dire plus qu'un jeu pour nos archéologues et nos linguistes, l'étrusque est resté pour eux une langue absolument muette. Les Allemands eux-mêmes, malgré toutes leurs patientes recherches, et quoi qu'ils aient pu dire, n'y ont jamais rien compris.

C'est à l'excavateur Foscolo, qui m'avait accompagné non-seulement dans les hypogées, mais encore dans tous les musées, que revient l'honneur d'une partie des découvertes qui ont été faites à Chiusi. Il le rappelle volontiers, et ne parle pas sans un certain orgueil de ses brillantes trouvailles. Au reste, il s'est dévoué tout entier à son art, ne fait pas autre chose, et cite quelquefois avec dédain son concurrent Zeppoloni, qui, lorsque le métier ne va pas, cumule les fonctions de cicerone avec celles de cordonnier. Lui, Pietro Foscolo, est excavateur et guide des étrangers, pas autre chose. Je l'interrogeai sur ses débuts, sur sa façon de procéder, car je n'ai jamais rencontré dans mes courses de chercheur plus intelligent. « J'étais bien jeune encore, me dit-il, quand l'idée me vint de fouiller le sol, pour voir si je n'y découvrirais rien, moi aussi. D'abord mes recherches furent vaines. Plus tard, je remarquai qu'après les pluies des débris d'argile cuite, de petits morceaux de bronze vert-de-grisés se montrent parfois à la surface du terrain. Je grattai le sol en un de ces endroits. Je déterrai un vase et une *idole* (c'est ainsi que Foscolo appelle les statuettes de bronze). Je proposai à un habitant de Chiusi qui collectionnait de m'acheter cela. Il m'en donna soixante francs. Je n'en croyais pas mes yeux, et voyant que le métier était bon, je continuai. D'abord les propriétaires des terrains me laissèrent faire sans rien dire ; mais quand ils virent que je réussissais, ils voulurent partager avec moi les bénéfices de mes recherches. Je trouvai des vases et des bijoux du plus grand prix. Enfin, j'allai jusqu'à chercher des hypogées, et pour cela voici le raisonnement que je fis. La colline de tuf a été entamée d'abord à la surface pour arriver à creuser les chambres sépulcrales. Le chemin qui mène à la porte de l'hypogée a été ensuite comblé par le temps ou par toute autre cause, mais la terre qui le cache est restée meuble. Donc, quand on peut découvrir aux alentours d'une terre meuble la trace du sol vierge, j'entends sur les flancs d'une colline de tuf, on est presque certainement sur le chemin d'un hypogée. Je m'attache à fouiller de tels endroits ; je vais lentement, tâtant le terrain par minces pelletées, et je trouve assez souvent ce que je cherche. Il faut aussi étudier la configuration des lieux : c'est aux pentes des coteaux à dômes arrondis, en forme de *tumuli*, que les Étrusques ouvraient leurs hypogées. Ces indices ne m'ont jamais trompé. C'est moi qui ai découvert les hypogées de Poggio-al-Moro, de Gajella, de Vigna-Grande, et celui de la Scimia, et d'autres aujourd'hui comblés. Dans les champs, j'ai fait aussi ample moisson de bronzes et de vases. Je suis maintenant associé avec un prêtre de Chiusi, qui me permet de fouiller dans ses propriétés. Je fournis les outils et le travail, et si je trouve quelque chose nous partageons. Je n'attends que la pluie pour recommencer mes recherches. Nous avons eu un été sans eau, la terre est sèche et fendillée, et le moment est mal choisi pour prendre le pic et la pelle. »

C'est ainsi que Foscolo me dévoilait tous ses secrets le plus innocemment du monde. Je prenais plaisir à entendre raisonner si savamment sur son art ce guide intelligent qui ne savait pas même lire, et je me demandais ce qu'aurait été cet homme, quels services il eût rendus à l'archéologie, s'il eût reçu la moindre éducation. Je le complimentais sur son nom de Foscolo, lui demandant s'il était parent de l'illustre patriote et poète italien. « J'ai ouï dire que mes *anciens* viennent de loin, me dit-il ; les Foscolo sont d'origine vénitienne, et ma famille est seule de ce nom à Chiusi. Mais j'ai toujours été pauvre, je n'ai rien à démêler avec les riches, et ceux dont vous me parlez l'étaient. »

V

LE ROLE SOCIAL DES ÉTRUSQUES

Un poète italien a dit :

Parlan le tombe ove la storia è muta,
La tombe parle où l'histoire est muette.

Si jamais cette citation fut applicable à un peuple, c'est bien aux Étrusques, dont les annales sont perdues, dont l'histoire que l'empereur Claude s'était plu à écrire, a pour jamais disparu, et dont la langue est restée jusqu'ici indéchiffrable. Et cependant les Étrusques ont été les grands initiateurs de Rome dans la science de la guerre, de la politique, de la religion, des lois, du commerce.

Ce sont eux qui ont également initié les Romains à la connaissance des beaux arts : la sculpture, l'architecture, la peinture, la gravure des pierres fines. L'art étrusque ménage la transition entre l'art asiatique, oriental, et l'art hellénique et latin. Ce n'est pas la Grèce, comme on ne l'a que trop souvent répété, c'est l'Étrurie qui, en tout, a été la maîtresse et la directrice de la grande ville naissante. Les relations de Rome avec les Grecs sont venues fort tard ; celles avec les Étrusques ont commencé dès le temps de Romulus [1].

1. C'est dans les lettres, non dans les arts, que les Grecs ont inspiré les Romains. Ainsi l'on ne peut nier que Cicéron n'ait étudié l'éloquence dans Démosthène; Sal-

Des sept rois qui d'abord gouvernent Rome, quatre au moins sont Étrusques ; ils font bâtir à Rome un cirque, y introduisent les jeux des gladiateurs, et, ce qui vaut mieux, dotent la ville d'un grand égout que l'on admire encore aujourd'hui.

Qui donne à Rome une religion et ses premières lois ? Numa Pompilius, un Étrusque. Qui jette en bronze les premières statues des dieux ? des artistes étrusques. Qui apprend à Rome l'art de naviguer ? Ce n'est pas, comme dit la fable, une trirème punique échouée à l'embouchure du Tibre ; mais bien les marins étrusques, ces maîtres de la mer Tyrrhénienne, rivaux des Phéniciens de Tyr et de Carthage, et des Phocéens de Massilie.

Plus tard, les relations des Étrusques avec Rome, d'amicales qu'elles étaient d'abord, devinrent hostiles, et l'Étrurie dut succomber après une lutte de deux siècles. Elle succomba, parce qu'elle n'était pas une nation guerrière comme les Romains; elle succomba, parce qu'elle avait jeté son plus grand éclat avant même la fondation de Rome, et qu'elle entrait dans une période de décadence, de luxe et de corruption, alors que les Romains en étaient encore au temps des vertus antiques et patriarcales ; mais elle ne tomba point sans une certaine grandeur, et elle opposa aux conquérants une des plus longues et des plus énergiques résistances dont l'histoire fasse mention. Soumise, mais toujours vivace, éternellement jalousée par Rome, elle se vengea noblement en lui donnant une partie de ses plus illustres citoyens, et il suffit de citer au hasard les noms de Plaute, Properce, Mécène, Perse, pour montrer combien l'Étrurie contribua à la gloire du monde romain.

De ce passé si glorieux, qui commence dès l'aurore de l'histoire italienne, à l'époque des Pélasges tyrrhéniens et de l'arrivée d'Énée en Italie, et qui se continue jusqu'aux derniers siècles de l'empire, nulles annales écrites n'ont consacré le souvenir. C'est à l'aide de la tradition que nous ont transmise les Latins, et qu'ils ont souvent défigurée avec intention, c'est à l'aide des monuments que nous ont laissés les Étrusques, surtout des monuments funéraires, qu'il faut refaire cette histoire perdue.

Ce n'est pas ici le cas de pousser plus avant ces considérations;

luste, l'histoire dans Thucydide; Lucrèce, la philosophie dans Épicure; Catulle, la poésie lyrique dans Anacréon et Sapho. Théocrite et Homère ont inspiré Virgile, et Aristophane semble avoir été le maître de Plaute et de Térence. Là s'est bornée l'influence de la Grèce sur Rome, et la part est encore assez belle.

j'ai voulu seulement indiquer la véritable place qu'il faut donner aux Étrusques dans l'histoire de l'Italie. Je voudrais aussi réveiller un instant l'attention sur ce pays favorisé, qui a joui, dès l'époque du moyen âge et jusqu'au commencement des temps modernes, d'une seconde jeunesse, d'une sorte de renouveau.

Ce phénomène est sans exemple dans l'histoire, et la nature a refusé cette insigne faveur à tout autre peuple, car on dirait qu'une fois tombé un peuple ne se relève plus. Il n'en a pas été de même de l'Étrurie. Incorporée au grand empire romain, elle en a suivi toutes les destinées; mais quand l'empire disparaît à son tour sous les coups répétés des barbares, que devient l'Étrurie? L'Étrurie tout à coup se relève, et l'histoire nous dit ce qu'alors ont été ses valeureuses républiques, d'abord simples cités municipales, Pise, Sienne, Lucques et Florence à leur tête. Dès le treizième siècle, c'est de là que part le réveil des lettres et des arts, ce qu'on est convenu d'appeler la Renaissance, et dont il faut singulièrement avancer l'heure pour l'Étrurie.

La Toscane arrive à son apogée dans les lettres avec Dante, Boccace et Pétrarque, alors que notre langue n'est pas même encore formée. Jusqu'au siècle des Médicis l'épanouissement continue toujours plus brillant, et l'on sait quel éclat il a jeté à l'époque de Léon X.

Il est des pays privilégiés, et de même que les trois plus grandes religions qui se partagent le monde, le judaïsme, le christianisme et le mahométisme, ont pris naissance dans ce petit coin triangulaire qui relie le mont Sinaï à Jérusalem et Médine, de même on dirait que tous les arts qui ont initié l'Italie antique et l'Europe moderne à la vie morale et intellectuelle, ont pris naissance en Étrurie. Je viens de dire quelle avait été l'influence de l'Étrurie des Rasènes [1] sur Rome, qu'ils avaient disciplinée. N'est-ce pas également de l'Étrurie que tous les arts sortent à la fois après la longue nuit du moyen âge : la musique avec Guido d'Arezzo, les belles lettres avec Dante et Boccace, la peinture avec cette innombrable phalange de valeureux artistes, depuis Cimabue et Giotto jusqu'à Léonard de Vinci, André del Sarto et le divin Raphaël, un Ombrien si l'on veut, mais qui eut pour maître un Étrusque, dont

---

1. C'est sur ce nom primitif des Tyrrhéniens, à ce qu'il paraît discutable, que se fondent les archéologues pour les faire venir de la Rhétie.

il suivit d'abord le style, le Pérugin? Que dire de Michel-Ange dans la sculpture et l'architecture? Devant le sien, les autres noms s'éclipsent. Et Lucca della Robbia, et Benvenuto Cellini? Encore des Étrusques.

Que dire de Machiavel, de Guicciardini dans la politique et l'his-toire? Des premiers Médicis comme hommes d'État? Et de Galilée, le véritable inventeur de l'expérimentation dans la science?

J'ai cité ailleurs Cesalpino pour la rénovation de la médecine et de la botanique; je pourrais nommer aussi Accorso qui, dès le treizième siècle, raviva l'étude des lois. Un Florentin, Amerigo Vespucci, dispute à Colomb la découverte de l'Amérique, et Savonarole précède Luther dans la réforme du christianisme [1].

Enfin, c'est des Buonaparte de Toscane qu'est issu Napoléon, auquel on ne peut manquer d'attribuer un génie exceptionnel dans la guerre et la politique.

N'est-il pas intéressant de revenir sur tous ces faits, au moment où l'Italie nous offre, pour ainsi dire, le spectacle de son laborieux enfantement? Ne sortira-t-il pas aujourd'hui quelque chose de cette Étrurie, qui a déjà donné tant de fois au monde des preuves de sa vitalité? N'est-ce point par une sorte d'intuition que Florence a été choisie comme capitale du nouvel État italien? Et n'est-ce pas une nouvelle Renaissance qui se prépare?

---

1. Savonarole est doublement Étrusque, c'est-à-dire à la fois Toscan et Sémite, par son caractère religieux, mystique. On peut en dire autant de Dante, dont le type rappelle d'une manière si frappante le type hébraïque, et dont la poésie, toujours lyrique et singulièrement élevée ou emportée, nous remet en mémoire celles de l'Orient, les cantiques d'Isaïe, de Jérémie, etc., non la poésie latine.

Extrait de la *Revue nationale* du 1er octobre 1866.

Paris. — Typographie et lithographie RENOU ET MAULDE, rue de Rivoli, 144.   56260.